La Vérité

sur la Famille Impériale Russe

et les influences occultes

Vladimir Michaïlovitch Roudnieff

THE RUSSIAN IMPERIAL ROYAL FAMILY.
T.I.M. THE CZAR NICHOLAS II. AND CZARINA ALEXANDRA FEODROVNA, H.I.H. THE CZAREWITCH ALEXIS AND T.I.H. THE GRAND DUCHESSES TATIANA, MARIE, ANASTASIA AND OLGA.

V. M. ROUDNIEFF

*Substitut au Procureur du Tribunal d'Arrondissement d'Ekaterinoslaff,
détaché par ordre du Ministre de la Justice Kerensky
à la Commission d'instruction extraordinaire pour enquêter sur les abus commis
par les ex-ministres, les Chefs supérieurs et les autres hauts fonctionnaires.*

LA VÉRITÉ

sur

la Famille Impériale Russe et les Influences occultes

avec un Avant-Propos et une Introduction de

M. D. NETCHVOLODOFF

*Général-Major ancien Commandant du Ier régiment spécial
de l'armée Impériale russe sur le front français.*

EDITIONS ET LIBRAIRIE
E. CHIRON, Editeur
PARIS — 40, Rue de Seine, 40 — PARIS
1920

*Prince Georgy Lvov Evguenievitch,
Homme politique russe et président du gouvernement
provisoire du 23 mars au 7 Juillet 1917.*

AVANT-PROPOS

Le 15 mars 1917, dans toute la Russie et dans l'univers se répandait la nouvelle de l'abdication du Tzar et, quelques jours après, l'on apprenait que le prince Lvoff venait de former un gouvernement provisoire. Il y a déjà de cela près de deux ans et demi.

Le 16 juillet 1918, c'était tout un drame de sang et de carnage qui avait lieu dans la cave d'une maison d'Ekaterinbourg. Le matin de ce jour-là, sans jugement aucun, après une délibération qui prit la plus grande partie de la nuit, le Soviet local ordonnait l'assassinat de la famille impériale. Il y a déjà un peu plus d'un an que cette scène d'horreur se passait.

Longtemps avant ces événements, et depuis, et aujourd'hui même pouvons-nous dire, les pires calomnies, calomnies odieuses, calomnies sans nombre, couraient dans le public sur la famille impériale. La presse, faisant sa partie dans ce concert, les colportait partout. Il eut été inutile de chercher, dans tous ces écrits, la moindre preuve pouvant établir la réalité de ces accusations. Ceux qui les répandaient n'étaient pas embarrassés de pareils scrupules et d'en fournir le plus petit témoignage, aucun n'avait cure. Tout au plus se contentait-on d'assurer, en toute circonstance, qu'il était impossible de dévoiler les noms des personnes compétentes dont on tenait ces renseignements. Et pourtant, que pouvaient-elles craindre, celles-là, à l'heure présente ? Le règne de l'absolutisme n'était-il pas fini ? L'ère de la liberté, assurant l'impunité à tout délateur du régime déchu, ne venait-elle pas de s'ouvrir ?

Quant à nous n'étions-nous pas certains qu'un jour viendrait où la justice aurait, elle aussi, son tour ?

Aussi, jusqu'ici nous sommes-nous tus, ne voulant pas, comme l'ont fait tous les calomniateurs de la famille impériale, citer le moindre fait, apporter la plus petite affirmation sans en administrer immédiatement les preuves.

En 1793, la France vécut de pareilles horreurs.

Louis XVI et Marie-Antoinette avaient porté leurs têtes sur l'échafaud et le même cortège de calomnies avait précédé le supplice de la reine. Ce n'est guère que de notre temps, après plus d'un siècle écoulé, que la vérité commence à se faire jour sur le tissu de mensonges dont la vie de l'infortunée reine avait été enveloppée.

A notre époque, les événements vont vite, et il n'est plus nécessaire de laisser l'histoire poursuivre la marche lente et majestueuse qui lui est habituelle.

Il ne nous est pas possible, d'ailleurs, d'attendre de si longues années pour faire éclater la justice. Aussi croyons-nous de notre devoir, sans plus attendre, de livrer au grand jour les documents qui tombent entre nos mains et qui peuvent aider à manifester la vérité. Percer à jour là calomnie et montrer tels qu'ils furent toujours notre auguste maître et son illustre compagne, tel est le seul but que nous poursuivions.

En prenant le pouvoir, le premier soin du gouvernement provisoire du prince Lvoff avait été de nommer une commission d'enquête qui serait chargée d'étudier les faits et gestes de la famille impériale, des personnages de la Cour et de la politique, en un mot de mettre en lumière toutes les influences, plus ou moins occultes, qui avaient pu s'exercer autour de l'Empereur et diriger sa politique. On espérait bien, par ce moyen, arriver à découvrir les preuves, qui jusqu'ici manquaient, de la véracité des accusations portées par la Révolution contre Nicolas II et l'Impératrice.

Kerensky, ministre de la justice et qui devait, trois mois plus tard, prendre en main le pouvoir, nomma donc une commission extraordinaire d'enquête, sous la présidence de l'avocat Mouravieff et lui adjoignit, pour enquêter spécialement sur les « *forces occultes* », le substitut au Procureur d'arrondissement d'Ekaterinoslaff, Vladimir Roudnieff.

Le fait qu'il fut choisi par Kerensky marque assez qu'on le jugeait, pour le moins, être un libéral, un homme ayant le même état d'esprit que ceux qui avaient fait la Révolution, qu'il était, en un mot, de ceux sur lesquels on croyait pouvoir compter.

En fait, on était tombé sur un honnête homme. Son enquête, Vladimir Roudnieff devait la diriger avec soin, la mener avec une attention scrupuleuse. Il lut tout, il interrogea tous les témoins utiles, il n'hésita pas à procédez lui-même à toutes les perquisitions nécessaires, il ne négligea aucun détail.

Cet homme était fortement prévenu, il nous le dit lui-même, contre ceux qu'il devait enquêter. Il eut cependant le mérite d'être avant tout un homme d'honneur : il ne ferma pas les yeux à la lumière. Aussi, lorsque Mouravieff, président de la Commission, voulut l'obliger à agir contre sa conscience, il s'y refusa et ne crut pas devoir déguiser la vérité.

Le document que nous présentons aujourd'hui au public est un mémoire écrit tout entier de la main de Vladimir Roudnieff. C'est un cri qui s'échappe du cœur d'un honnête homme qui, se voyant entraîné dans une affairé malpropre, n'a pas cru pouvoir se taire plus longtemps. Et cela d'autant plus que sur l'affaire on cherchait à faire le silence. Il y a consigné en détail tous les résultats acquis et les constatations auxquelles l'enquête avait abouti. Et ce n'est pas sans stupeur, en lisant ce travail, que l'on constate que cette longue instruction, qui devait, dans l'esprit de ceux qui l'ordonnaient, noyer la famille impériale dans un océan de boue et d'abjections, arrive, en fait, à justifier celle-ci et de toutes les accusations lancées contre elle ne laisse rien subsister.

Cette enquête, jusqu'ici, n'a jamais été publiée. C'est la première fois que le résultat en est livré au public.

Avant de parler au peuple russe, nous avons tenu à nous adresser au public français qui, en toutes circonstances, a donné tant de témoignages de sympathie à Leurs Majestés l'Empereur et l'Impératrice de Russie et dont on a cherché parfois à tromper la bonne foi. Nous tenions à montrer à la France que nos augustes souverains n'avaient jamais cessé d'être fidèles à l'alliance et à l'assurer de notre propre fidélité.

M. Netchvolodoff.
Paris, décembre 1919.

Aleksandre Fiodorovitch Kerenski
Il occupa différents postes ministériels dans les deux premiers gouvernements du prince Gueorgui Lvov après la Révolution de Février et fut le président du deuxième jusqu'à la prise du pouvoir par les bolcheviks lors de la Révolution d'Octobre.

INTRODUCTION

En présentant au public français le mémoire de V. M. Roudnieff, « *La Vérité sur la Famille impériale russe et les influences occultes* », nous croyons utile de rappeler au lecteur la série de calomnies répandues par les révolutionnaires et propagées dans le monde entier sur la famille impériale et sur les autres personnages dont il est question dans ce mémoire.

Le temps efface les détails des faits lus et entendus ; l'impression générale seule subsiste ; aussi recommandons-nous instamment au lecteur, avant de consulter le mémoire de V. M. Roudnieff, de prendre connaissance de notre introduction, que nous nous sommes efforcés de rendre succincte.

En étudiant ensuite le mémoire, le lecteur pourra comparer impartialement les faits réels et les dires mensongers. D'abord, les calomnies. Voici en traits sommaires les calomnies répandues depuis le début de la guerre, tant en Russie qu'à l'étranger

On a prétendu que l'**Impératrice Alexandra Feodorovna**, n'ayant jamais oublié son origine allemande et n'aimant guère sa nouvelle patrie, était durant la guerre de tout cœur avec l'ennemi. Lorsque la défaite finale de l'Allemagne devint évidente, elle aurait usé de toute son influence sur l'Empereur, afin de le contraindre A signer la paix avec l'Allemagne. Raspoutine et Mme Viroubova auraient secondé ses efforts et les ministres Protopopoff et Sturmer auraient été ses collaborateurs zélés.

Dans la politique intérieure, dit-on, l'Impératrice servait de rempart à la réaction ; c'est elle qui s'opposait à la nomination d'un ministère responsable.

Extrêmement ambitieuse, elle rêvait de devenir une nouvelle Catherine II. Dans ce but elle ourdit un complot, afin d'enlever le pouvoir au Tzar et de prendre en main la régence de l'Empire.

La calomnie ne s'en tint pas là ; elle tenta de jeter une ombre malpropre sur les rapports entre l'impératrice et Raspoutine.

On a dit que **Grégoire Raspoutine** gagna la confiance de la famille impériale, notamment de l'Impératrice, en exploitant sa prétendue sainteté et en usant de sa force hypnotique indéniable.

Il fut, dit-on, un ennemi de la Douma de l'Empire, un réactionnaire extrême et un agent secret de l'Allemagne. De connivence avec l'Impératrice, il employait son pouvoir sur l'Empereur, afin d'accélérer la signature d'une paix séparée.

Dans ce but, toujours de connivence avec l'Impératrice, Raspoutine proposait à l'Empereur, pour les postes les plus élevés, des germanophiles avérés.

Raspoutine menait une vie de débauches, et avait des liaisons avec maintes dames de la haute société.

On a dit qu'**Anna Alexandrowna Viroubova** était la favorite et l'amie intime de l'Impératrice. Au début, les calomniateurs tentèrent d'expliquer salement leurs rapports mutuels ; ensuite, ils trouvèrent plus d'intérêt à faire de Viroubova la maîtresse de Raspoutine. L'agent secret de l'Allemagne utilisait cette liaison amoureuse pour grandir son influence sur le couple impérial et atteindre ainsi son but criminel (paix séparée).

On a dit que **le docteur en médecine thibétaine Badmaeff**, ami de Raspoutine, empoisonnait systématiquement avec diverses drogues l'Empereur et lui enlevait ainsi la volonté. Par l'usage des drogues, Badmaeff entretenait le mal du souffreteux Tzarevitch, ouvrant par là le champ d'action à Raspoutine, qui exerçait une influence bienfaisante sur la santé du Tzarevitch. Badmaeff favorisait ainsi l'intrigue générale.

Enfin, les personnages les plus en vue ont eu également leur part de calomnies. **Le Ministre des Affaires intérieures Protopopoff**, protégé de Raspoutine, était germanophile et réactionnaire convaincu. D'accord avec Sturmer, il employait toute son influence sur l'Empereur pour l'amener à signer nue paix séparée immédiate et Protopopoff orientait dans ce sens toute la politique intérieure du pays.

Partisan de l'Impératrice, il complotait avec elle, afin d'enlever le pouvoir au Tzar.

Le Président du Conseil et Ministre des Affaires Etrangères Sturmer, ami et protégé de Raspoutine, était lui aussi rallié au germanisme. Le but de sa politique était la paix avec l'Allemagne à n'importe quel prix.

Le **Commandant du palais général Voeikoff** avait des opinions extrêmement réactionnaires sur la politique intérieure et une influence semblable sur l'Empereur.

Enfin au **fonctionnaire du Saint-Synode Prince Andronikoff**, l'opinion publique attribuait une influence prépondérante sur les affaires de la politique intérieure et le considérait comme un des familiers de la Cour Impériale.

Et maintenant que nous avons exposé les calomnies, passons à la lecture du mémoire de M. Roudnieff.

M. Netchvolodoff.

Grégoire 'Raspoutine', Major-Général Putyatin et Colonel Lotman
Photographie Karl Bulla (1904)

La Vérité
sur la Famille Impériale Russe
et les Influences occultes

Me trouvant adjoint au procureur du Tribunal d'arrondissement d'Ekaterinoslaff, je fus appelé, à la date du 11 mars, par ordre du ministre de la Justice Kerensky, à Pétrograd, à la Commission d'enquête extraordinaire, chargée de rechercher les abus commis par les anciens ministres, les chefs supérieurs et les hauts fonctionnaires de l'administration.

A Pétrograd, travaillant dans cette commission, je fus spécialement chargé de rechercher les sources des influences irresponsables près de la Cour Impériale. Cette section de la commission était nommée : *Enquête sur le groupe de faits dits : « Influences occultes »*.

Les travaux de la commission se prolongèrent jusqu'à fin d'août 1917. A ce moment, j'adressai un rapport en fin duquel je donnais ma démission ; le motif en était les tentatives du président de la commission, l'avocat Mouravieff, pour me faire agir d'une façon criminelle.

Ma qualité de délégué, muni des pouvoirs de commissaire d'enquête, me donnait le droit de faire toute descente sur les lieux, d'interroger tous les coupables, etc.

Dans le but de faire une lumière complète et impartiale sur les agissements de toutes les personnes désignées, soit par la presse, soit par la rumeur publique, comme ayant eu une influence déterminante sur la direction de ,la politique tant intérieure qu'extérieure ; je compulsai toutes les archives du Palais d'Hiver, des palais de Tsarskoé-Selo et de Peterhof, ainsi que la correspondance personnelle du Tzar, de l'Impératrice, des Grands-Ducs et les papiers trouvés lors des perquisitions faites chez l'évêque Barnabé, la comtesse C. C. Ignatieff, le docteur Badmaeff, B. R. Voeikoff et autres dignitaires de la Cour.

Au cours de l'enquête, une attention toute spéciale fut apportée aux personnalités et agissements de G. E. Raspoutine et Mme A. A. Viroubova, ainsi que sur les rapports existant entre la famille impériale et la Cour de Berlin.

Considérant que le résultat de mon enquête avait une importance considérable, puisqu'elle apportait la lumière sur les événements d'avant et pendant la Révolution, j'ai pris la copie de tous les procès-verbaux, comptes rendus d'enquêtes ayant passé par mes mains, de tous les documents, ainsi que de tous les témoignages.

En quittant Pétrograd, j'emportai toutes ces copies à Ekaterinoslaff où elles furent conservées dans mon appartement. Depuis, elles ont dû être volées lors du pillage de ma maison par les Bolcheviks. Si, contrairement à toute attente, ces documents n'ont pas été détruits (et, si je vis jusqu'au moment où ils rentreront en ma possession), je me propose de les publier intégralement sans le moindre commentaire.

Toutefois, je considère comme indispensable de présenter, dès à présent, une esquisse rapide du caractère des principaux personnages de ce règne que l'opinion publique et la presse ont surnommé : *« le règne des influences occultes »*.

Cette esquisse étant faite de mémoire, nombre de traits intéressants m'échapperont peut-être.

Arrivé à Pétrograd à la Commission d'enquête, je commençai ma tâche avec un sentiment de prévention irréfléchie relativement aux causes de l'influence de **Raspoutine**, et ceci, en raison de brochures, d'articles de journaux lus par moi ainsi que des bruits circulant dans le public.

Une enquête minutieuse et impartiale m'obligea à reconnaître combien ces bruits et les informations des journaux étaient loin de la vérité.

La figure la plus intéressante à laquelle on attribuait une influence décisive sur la politique intérieure était Grégoire Raspoutine. Ce personnage fut naturellement le centre de mes recherches au cours de l'accomplissement des fonctions qui m'incombaient.

L'un des documents les plus importants qui mit en lumière la personnalité de Raspoutine me fut fourni par le journal de la surveillance exercée par la police secrète, surveillance qui se maintint jusqu'à la mort de ce dernier. Cette surveillance était d'un double caractère : extérieure et intérieure. A l'extérieur, par une filature minutieuse lors de ses sorties, à son domicile par les agents spéciaux qui remplissaient, auprès de lui, les fonctions de gardes et de laquais.

Le journal de cette surveillance fut tenu avec une exactitude merveilleuse, mentionnant jour par jour ses démarches au dehors, même très courtes, l'heure des sorties et des rentrées, ainsi que toutes ses rencontres en cours de route. Quant à la surveillance établie à son domicile, les noms des personnes visitant Raspoutine étaient mentionnés et inscrits régulièrement dans ce journal. Lorsque le nom de certains visiteurs était inconnu des agents, leur signalement était minutieusement décrit.

Après avoir pris connaissance de ces documents et entendu les témoins dont les noms figuraient sur ces listes et en comparant toutes ces données, j'arrivai à la conclusion que la personnalité de Raspoutine, du point de vue psychologique, ne fut pas aussi simple qu'on l'avait prétendu et écrit.

Etudiant le caractère moral de Raspoutine, je portai mon attention sur la succession historique des événements qui lui ouvrirent enfin les portes de la Cour et je constatai que la première étape de sa fortune fut ses relations avec les archevêques Théophane et Hermogène, bien connus pour leurs sentiments profondément religieux et leur haute intelligence.

Je fus convaincu à la suite de la lecture de ces mêmes documents, que Raspoutine joua un rôle fatal dans la vie de ces piliers de l'Eglise orthodoxe. Il fut la cause de l'internement de Hermogène dans l'un des monastères du diocèse de Saratoff et aussi de la disgrâce de Théophane, rétrogradé au rang d'évêque provincial. Ces évêques vraiment pieux avaient discerné les bas instincts de Raspoutine et étaient entrés en lutte ouverte avec lui.

J'arrivai ainsi à cette conclusion que certainement il y avait eu, dans la vie de Raspoutine, simple paysan de la province de Tobolsk, quelque épreuve, grande et profonde, transformant complètement son âme et l'amenant à se tourner vers le Christ. C'est seulement en vertu de cette sincère recherche de Dieu chez Raspoutine, à cette époque, que peut-être expliquée son entrée en relation avec ces pasteurs éminents.

Cette hypothèse basée sur la convergence des faits, se trouve confirmée par les récits de ses pèlerinages, écrits par lui dans une langue incorrecte, et qui respirent une simplicité naïve et une sincérité attendrie.

Fort de l'autorité des deux archevêques déjà nommés, appuyé par eux, Raspoutine fut reçu à la Cour des grandes-duchesses Anastasie et Militza (1). Chez elles, il fit la connaissance de Mlle Taneïeva, plus tard Mme Viroubova, alors demoiselle d'honneur de l'Impératrice. Il fit sur cette personne profondément religieuse une très vive impression. Il fut enfin reçu à la Cour et c'est alors que se réveillèrent, chez lui, les bas instincts, assoupis pour un temps. Il devint un exploiteur rusé de Leurs Majestés, confiantes en sa sainteté.

Il faut remarquer qu'il joua son rôle avec une persévérance minutieusement calculée. Ainsi que l'a démontré toute la correspondance à ce sujet et comme l'ont, dans la suite, affirmé les témoins, Raspoutine refusa catégoriquement tous subsides en argent, récompenses et honneurs, nonobstant toutes les propositions faites par Leurs Majestés voulant démontrer par là son désintéressement et son profond dévouement au Trône. Il déclarait en même temps à la famille impériale qu'il était son unique intercesseur auprès de Dieu, que tous jalousaient sa situation, intriguaient contre lui, le calomniaient et que, pour toutes ces raisons il fallait rejeter toute dénonciation. La seule chose qu'autorise Raspoutine c'est que l'on paie son logement sur les fonds de la chancellerie privée de l'Empereur et qu'on lui donne en cadeau des ouvrages faits par les personnes appartenant à la famille impériale, comme chemises, ceintures, etc.

---

1 – Les Grandes-Duchesses Anastasie Nicolaëvna et Militza Nicolaevna, sœurs, sont filles du roi Nicolas de Monténégro. La première avait épousé le Grand-Duc Nicolas Nicolalevitch, généralissime, la seconde est femme du Grand-Duc Pierre Nicolaievitch, frère du précédent.

Raspoutine n'entrait dans les appartements impériaux qu'avec une prière sur les lèvres, il tutoyait le Tzar et l'Impératrice et les embrassait trois fois, suivant la coutume sibérienne. Il est, en outre, établi qu'il disait au Tzar : « *Ma mort sera la tienne* » et qu'à la Cour il jouissait de la réputation d'un homme ayant le don de prédire les événements sous des formules mystérieuses, à l'instar de la pythonisse antique.

La source des revenus de Raspoutine résidait dans les pétitions rédigées par diverses gens sollicitant un changement, une nomination, une grâce, adressées à l'Empereur et qu'il lui remettait de ses mains. Pour donner plus d'autorité à sa recommandation, en appuyant de telles demandes, dans ses entretiens avec Leurs Majestés, Raspoutine les enveloppait de corollaires prophétiques, affirmant que leur donner satisfaction c'était attirer du bonheur sur la famille impériale et sur le pays.

Ajoutons que Raspoutine possédait, sans nul doute, un pouvoir très puissant et inexplicable, en ce sens qu'il exerçait sur l'esprit d'autrui comme une sorte d'hypnotisme.

J'ai pu, entre autres, me rendre compte, par moi-même, d'un cas de guérison de la danse de Saint-Guy chez le fils d'un ami de Raspoutine, Simonovitch, étudiant de l'Institut commercial. Les symptômes de cette maladie disparurent pour toujours après deux séances où Raspoutine endormit le malade.

Une autre manifestation de cette puissance psychique arriva au cours de l'hiver 1914-1915. Il fut appelé dans la guérite d'une garde-barrière. Anna Alexandrowna Vироубова était étendue sans connaissance, les jambes fracturées, la tête fendue. A côté d'elle se trouvaient l'Empereur et l'Impératrice. Raspoutine levant les mains vers le ciel s'adressa à Viroubova en ces termes : « *Annouchka, ouvre les yeux !* » De suite, elle ouvrit les yeux et jeta un regard circulaire autour de la chambre où elle reposait. Cela produisit naturellement une grande impression sur les assistants et particulièrement sur Leurs Majestés, fortifiant ainsi l'autorité de Raspoutine.

En résumé, on peut dire que Raspoutine, malgré son peu d'instruction, ne fut pas un homme ordinaire. Il se distinguait par une intelligence très vive, une grande présence d'esprit, une faculté d'observation et une justesse d'expression extraordinaires, surtout lorsqu'il avait à caractériser quelqu'un.

Sa grossièreté apparente et sa façon familière de s'adresser aux autres, rappelant parfois certains « innocents », étaient sans aucun doute calculées en vue de souligner son origine plébéienne et son ignorance.

Etant donné que la presse périodique s'était beaucoup occupée du tempérament sexuel de Raspoutine, dont le nom était devenu synonyme de débauché, les enquêteurs apportèrent la plus grande attention sur ce point. Nous trouvâmes une mine des plus riches pour éclairer sa personnalité de ce côté, dans les indications de ces agents secrets que la police avait placés autour de lui. Il en ressort que les aventures amoureuses de Raspoutine ne dépassèrent pas le cadre d'orgies nocturnes avec des femmes légères et des chanteuses et, parfois, avec telle ou telle de ses quémanderesses.

De ses rapports intimes avec les dames de la haute société, il n'y a aucun fait positif, aucune remarque, aucune trace à la suite de notre enquête ou antérieurement. Par contre, il y a des preuves que, étant ivre, il s'efforçait de donner illusion sur son intimité avec les personnes de la haute société, surtout devant ceux avec qui il se trouvait en relations intimes et auxquels il était redevable de son élévation.

Ainsi, par exemple, lors des perquisitions faites chez l'évêque Barnabé, on trouva un télégramme de Raspoutine ainsi conçu : « *Mon cher, je ne peux pas venir, mes folles pleurent et ne me laissent pas partir.* »

Quant au fait que Raspoutine, en Sibérie, se lavait aux bains en compagnie des femmes, on en conclut qu'il appartenait à la secte des « *Flagellants* ».

Afin de résoudre cette question, la Haute Commission d'enquête convoqua le professeur à la chaire des Sectes religieuses de l'Académie théologique de Moscou, Gromoglassoff. Celui-ci, connaissance prise des pièces de l'enquête, déclara que les bains en commun des hommes et des femmes paraissait être, en certains endroits de la Sibérie, une coutume admise ; mais il ne trouva pas la moindre preuve que Raspoutine appartint à la secte des « *Flagellants* ». Ayant même pris connaissance de ses écrits religeux, Gromoglassoff n'y releva aucun indice de la secte des « *Flagellants* ».

En somme, Raspoutine apparaît de son naturel un homme aux gestes larges. Les portes de sa maison étaient toujours ouvertes, il s'y trouvait sans cesse une foule de gens de toutes sortes, mangeant à ses dépens. En vue de se créer une auréole de bienfaiteur, suivant la parole de l'Evangile *« la main de celui qui donne ne s'appauvrit pas »*, Raspoutine, qui recevait constamment de l'argent de solliciteurs pour appuyer leurs demandes, le distribuait largement aux indigents et, en général, aux gens des classes pauvres qui recouraient à lui pour des besoins n'ayant pas toujours un caractère matériel.

Il se créa ainsi un renom de bienfaiteur et d'homme désintéressé. En outre, Raspoutine dépensa follement de grosses sommes dans les restaurants et les jardins-concerts, de sorte qu'après sa mort, sa famille, en Sibérie, ne reçut rien.

Des matériaux importants furent rassemblés au sujet des demandes que Raspoutine présentait à la Cour. Toutes ces demandes, ainsi qu'il a été dit plus haut, avaient trait à des changements, des nominations, des grâces, des concessions de chemins de fer et autres affaires, mais rien ne fut trouvé relativement à l'immixtion de Raspoutine clans la politique, bien que son influence h la Cour ait été énorme.

Les exemples de cette influence sont nombreux. C'est ainsi qu'au cours des perquisitions faites à la chancellerie du commandant du Palais, le général Voeikoff, on trouva quelques lettres adressées à celui-ci ainsi conçues : « *Au général Faveik : cher ami, procure-lui une place* ». Sur des lettres semblables se trouvèrent des annotations, écrites de la main de Voeikoff, qui se bornaient à indiquer les noms des quémandeurs, leur lieu de résidence, ce que conteniat leur demande, des annotations donnant satisfaction avec avertissement aux quémandeurs.

Quelques lettres analogues ont été trouvées chez l'ex-ministre Sturmer, ainsi que chez d'autres personnages haut placés. Mais toutes ces lettres n'avaient trait qu'a des demandes de protection privée, pour des cas déterminés, et concernant les personnes auxquelles s'intéressait Raspoutine.

Raspoutine donnait des sobriquets à tous ceux avec qui il était en contact plus ou moins étroit. Quelques-uns de ceux-ci reçurent droit de cité à la Cour. Ainsi il appelait Sturmer « *le vieux* », l'archevêque Barnabé « *le papillon* », l'Empereur « *Papa* », l'Impératrice « *Maman* ». Le sobriquet de Barnabé, « *papillon* », fut trouvé dans une lettre de l'Impératrice à Mme Viroubova.

Reconnaissons-le, d'après tous les documents examinés, il est certain qu'il exerça une très grande influence sur la famille impériale et que la cause première de l'influence de Raspoutine à la Cour fut le profond sentiment religieux de Leurs Majestés et leur sincère conviction de la sainteté de Raspoutine, l'unique avocat du Tzar, de sa famille et de la Russie devant Dieu.

La démonstration de cette sainteté ressortit pour la famille impériale, de certains faits particuliers où s'avéra l'influence extraordinaire de Raspoutine sur l'esprit de quelques personnes de la Cour. Par exemple, lorsque Mme Viroubova s'évanouit ainsi que nous l'avons mentionné plus haut, et qu'il la tira de cet évanouissement. De même son influence salutaire sur la santé de l'héritier du trône et une série de prédictions heureuses.

Son influence psychique s'explique par la présence chez Raspoutine d'une force magnétique extraordinaire et la véracité de ses prédictions par sa connaissance approfondie de la vie de la. Cour et son grand sens pratique.

De cette influence sur la famille impériale, des gens habiles s'efforcèrent de se servir, en aidant par là même au développement des bas instincts qui se trouvaient en lui. Cette tactique se manifesta surtout dans les agissements de l'ancien ministre de l'Intérieur, Kvostoff, et du directeur du département de police, Biéletzky. Pour consolider leur situation à la Cour, ils entrèrent en accord avec Raspoutine et lui offrirent les avantages suivants : ils lui donneraient, tous les mois, prélevée sur les fonds secrets du département de police, une somme de trois mille roubles, et en cas de nécessité, des subsides supplémentaires, de quotité variable ; en échange, Raspoutine placerait à la Cour les candidats indiqués par eux, à des postes désignés par eux.

Raspoutine accepta cette proposition et les deux ou trois premiers mois, il exécuta les engagements pris. S'étant ensuite rendu compte qu'un accord semblable n'était pas avantageux pour lui, car il rétrécissait le cercle de sa clientèle, sans prévenir Kvostoff ni Biéletzky il commença à agir, à ses risques et périls, pour son propre compte. Kvostoff ayant découvert son manque de loyauté et craignant que, dans la suite, Raspoutine pût agir contre lui, résolut de le combattre ouvertement. Il comptait d'un côté, sur la bonne disposition en sa faveur de la famille impériale et, d'un autre côté, sur l'appui de, la Douma dont il était l'un des membres ; celle-ci avait pour Raspoutine une haine extrême. Biéletzky qui, lui, ne croyait pas à l'influence de Kvostoff à la Cour, mais appréciait le pouvoir prépondérant de Raspoutine sur la famille impériale, se trouva dans une position difficile. Il réfléchit, et résolut de trahir son chef et protecteur Kvostoff en se rangeant du côté de Raspoutine. En prenant cette position, selon l'expression de Raspoutine, il se donna comme tâche de « culbuter le ministre Kvostoff ».

Le résultat final de la lutte de Raspoutine et Biéletzky contre Kvostoff, fut le complot organisé contre la vie du « *vieillard* » qu'ont relaté tous les journaux. La mise en scène en fut organisé par Biéletzky de la façon suivante :

Il engagea pour cette affaire un déclassé, l'ingénieur Heine, tenancier de maison de jeu à Pétrograd, et l'envoya en secret à Christiania chez un autre déclassé, moine défroqué, le célèbre Iliodore Serge Troufanoff, ex-ami de Raspoutine. Le résultat de ce voyage fut l'expédition, sous la signature d'Iliodore, d'une série de dépêches de Christiania à Heine, à Pétrograd, dans lesquelles on parlait d'une façon très claire d'un attentat qui se préparait contre la vie de Raspoutine.

Dans l'une de ces dépêches d'Iliodore à Heine fut mentionné presque littéralement ce qui suit : « *Quarante hommes engagés attendent, réclament ; envoyez trente mille.* » Tous ces télégrammes, comme venant d'un pays neutre, avant d'être remis au destinataire étaient communiqués au département de la police secrète et après, avec enquête, ainsi qu'il était de coutume pendant la guerre, ils étaient remis à Heine.

Un beau jour enfin, ayant en main ces télégrammes, Heine se présenta en coupable repentant chez Raspoutine, et, présentant comme preuves les dépêches apportées, avoua franchement au *« vieillard »* qu'il prenait part à un complot contre sa vie. Il en rapporta tous les détails et finit par déclarer qu'à la tête de ce complot était le ministre de l'Intérieur Kvostoff.

Tout ceci fut communiqué à la famille impériale par Raspoutine et la disgrâce de Kvostoff s'ensuivit.

Comme détails de la mise en scène de ce complot, le fait suivant est très suggestif : parmi les dépêches que Heine recevait de Christiania, l'une relatait une série de noms de personnes se trouvant à Tzaritzine et soi-disant en relation avec Iliodore et, même, faisant le voyage de Christania en vue de la réalisation de ce complot. L'enquête immédiate ouverte à ce sujet par la police non seulement ne put confirmer la véracité de ces indications, mais démontra, sans contestation possible, que les personnes désignées n'avaient jamais quitté Tzaritzine. De ce fait témoignèrent le livre de maison et d'autres registres.

Il faut mentionner que Kvostoff était très estimé et très apprécié par l'Empereur et tout particulièrement par l'Impératrice qui, d'après les témoignages des personnages approchant. la Cour, le tenaient pour très religieux et dévoué au plus haut degré à la famille impériale, ainsi qu'au pays le fait suivant, cependant, montre combien Kvostoff prenait soin, avant tout, d'éclairer ses propres entreprises.

Il invita un jour le commandant de la gendarmerie, le général Kommissaroff, et lui proposa de se mettre en civil et d'aller immédiatement chez Raspoutine pour l'amener chez le métropolite Pitirime, ce que fit celui-ci. Exécutant l'ordre de Kvostoff, Kommissaroff vint avec Raspoutine chez Pitirime où, dans l'une des pièces, il rencontra le valet de chambre qui, après les avoir reçus, alla annoncer leur arrivée à sa Sainteté. Bientôt après arriva Pitirime et lorsque Raspoutine lui présenta le général Kommissaroff, ce dernier remarqua que la présence dans ses appartements d'un général de gendarmerie fut à ce moment désagréable au métropolite qui les invita néanmoins à le suivre au salon où ils trouvèrent Kvostoff assis sur un divan. A la vue de Raspoutine, Kvostoff se mit à rire nerveusement et à chuchoter avec Pitirime, après quoi étant resté très peu de temps, il pria Kommissaroff de l'accompagner jusque chez lui.

Kommissaroff se trouvait dans une situation très gênante et ne comprenait rien à ce qui se passait. Pendant le trajet en auto Kvostoff demanda à Kommissaroff : « *Comprenez-vous quelque chose, général ?* » Et, ayant reçu une réponse négative, il ajouta : « *Nous savons maintenant quels rapports existent entre Pitirime et Raspoutine, car lorsque vous êtes arrivés dans les appartements du métropolite et que le laquais lui annonça votre visite, cet homme qui n'avait, selon lui, rien de commun avec Raspoutine, m'a dit : Permettez-moi de m'absenter pour quelques instants car je viens de recevoir la visite d'un notable Géorgien, et maintenant nous savons quel Géorgien vient chez sa Sainteté.* »

Cet épisode fut connu lors de l'interrogatoire du général Kommissaroff. De tous les hommes politiques, Kvostoff fut celui qui approcha Raspoutine de plus près.

En ce qui concerne les relations de Raspoutine avec **Sturmer**, qui ont fait tant de bruit, elles se bornèrent en réalité à de simples échanges de politesses. Tenant compte de l'influence de Raspoutine, Sturmer faisait droit à ses demandes concernant les différentes personnes qu'il avait à placer. Il lui envoyait quelquefois du vin, des fruits, etc... Mais il ne fut révélé par l'enquête aucun fait prouvant une influence de Raspoutine sur la direction de la politique étrangère de Sturmer.

Les relations de Raspoutine et du ministre de l'Intérieur **Protopopoff**, que Raspoutine appelait, on ne sait pourquoi, « *Kalinine* » ne furent pas beaucoup plus intimes. Il convient de dire que Raspoutine avait beaucoup de sympathie pour Protopopoff, le défendait de son mieux et le louait devant l'Empereur chaque fois que la situation de Protopopoff était chancelante. Raspoutine procédait toujours à cette défense lorsque l'Empereur était absent de Tsarskoe-Selo, sous forme de prédictions à l'Impératrice ; ces prédictions revêtaient la forme des oracles de la pythie. Il y parlait d'abord d'autres gens pour ensuite vanter la personnalité de Protopopoff comme d'un homme dévoué et fidèle à la famille impériale. Cette conduite de Raspoutine à l'égard de Protopopoff valut à celui-ci la bienveillance de l'Impératrice. A l'examen des papiers de Protopopoff, on trouva quelques lettres typiques de Raspoutine qui commençaient par « mon cher » mais où il n'était question que des intérêts de personnes privées recommandées par Raspoutine.

Dans les papiers de Protopopoff ou de tous autres personnages importants, on ne trouva aucun document indiquant une influence de Raspoutine sur la politique intérieure ou extérieure.

Protopopoff se distinguait par une faiblesse extraordinaire de caractère, bien que, pendant toute sa longue carrière jusqu'au poste de ministre, il ait été choisi comme représentant de différents groupes jusqu'à être vice-président de la Douma.

La presse périodique attribua à Protopopoff la cruelle tentative d'étouffement de l'agitation populaire dans les premiers jours de la Révolution. Cette tentative se manifesta, soi-disant, par le placement sur les toits des maisons de mitrailleuses pour tirer sur la foule des manifestants désarmés.

Lors de l'enquête préalable, l'attention du président de la Commission, Mouravieff, fut tout particulièrement attirée sur ce fait, il en confia l'examen à un spécialiste, Iouvjik Kompanectz. Celui-ci établit, après avoir interrogé plusieurs centaines de personnes et après avoir vérifié la provenance des mitrailleuses trouvées dans les rues de Pétrograd, que celles-ci appartenaient à diverses unités de l'armée et que pas une mitrailleuse de police ne se trouvait sur les toits des maisons, si ce n'est un petit nombre placées dès le début de la guerre sur des maisons très hautes pour la défense contre avions.

En résumé l'on peut dire que, dans les jours critiques de février 1917, Protopopoff montra un manque absolu d'initiative et une faiblesse que la loi d'alors eût traitée de criminelle.

Dans la presse et dans le public, à Pétrograd, l'opinion crut naturellement aux relations étroites de Raspoutine avec les deux aventuriers politiques, le docteur Badmaeff et le prince Andronikoff qui, soi-disant, tenaient de lui leur influence en politique. Par l'enquête la parfaite fausseté de ces rumeurs apparut. On peut seulement dire que ces deux individus s'efforcèrent d'être de la suite de Raspoutine, en profitant des miettes qui tombaient de sa table et en essayant d'exagérer, auprès de leurs clients, leur influence sur lui, influence qu'ils n'avaient pas, afin de garder ainsi dans l'opinion publique leur réputation usurpée d'influence à la Cour, par l'intermédiaire de Raspoutine.

De ces deux individus, le plus intéressant, à notre point de vue, fut le prince Andronikoff, parce que les relations, tant soit peu importantes, de Badmaeff avec les cercles dirigeants se rapportent au règne de l'empereur Alexandre III.

Le caractère et la qualité des agissements du **prince Andronikoff** apparurent clairement à l'enquête, par la lecture de la grande quantité de documents recueillis par moi lors de la perquisition faite chez lui en mars 1917 ; cette perquisition m'occupa deux jours entiers. Du logement d'Andronikoff, j'ai amené dans le Palais d'Hiver, au bureau de la commission, sur deux autos, des archives considérables.

Il faut rendre cette justice à Andronikoff que ses papiers se trouvaient rangés dans un ordre impeccable. Toutes ses affaires étaient classées dans des chemises par ministère et, par département avec des en-têtes appropriés, cousues, numérotées, et, témoignaient de l'intérêt minutieux apporté par lui à leur bonne marche.

En prenant connaissance de ces papiers, il fut prouvé que le prince, pour un pot-de-vin assuré, ne dédaignait de faire aucune démarche. C'est ainsi que, simultanément, il s'efforçait de faire obtenir une pension à une veuve de fonctionnaire n'y ayant pas droit, et qu'il faisait passer par le ministère des Finances et celui de l'Agriculture un projet, très complexe, d'une société par actions dans laquelle, d'après le contrat, il jouait personnellement un très grand rôle. Il s'agissait, si je me rappelle bien, de travaux d'irrigation des steppes de Mourgabe.

Le système adopté par le prince Andronikoff, qui occupait un simple poste de fonctionnaire des missions spéciales auprès du Saint-Synode, pour faire aboutir ses démarches, était des plus simple.

D'après son propre aveu, ayant eu connaissance de la nomination d'une personne, qui lui était d'ailleurs complètement inconnue, au poste de directeur du département dans un ministère quelconque, il lui envoyait une lettre de félicitations. Celle-ci commençait invariablement ainsi : « *Enfin le soleil brille sur la Russie et un poste élevé et important est enfin confié à Votre Excellence.* » Suivaient ensuite les épithètes les plus flatteuses qui décoraient ce personnage de talents et de vertus, et même parfois, le prince joignait une sainte image avec sa bénédiction. La réception d'une semblable missive obligeait naturellement le dit personnage, par délicatesse et pour remercier, à répondre au prince et le résultat était la visite de ce dernier au dit fonctionnaire, dans son bureau, d'où premiers rapports établis.

Ces visites du prince, aux personnages administratifs, d'un assez haut rang, persuadaient les employés qui servaient dans les bureaux des bonnes relations du prince avec leur chef. La conséquence en était que l'on apportait une plus grande attention aux dossiers transmis par le prince dans ces départements.

Le prince Andronikoff, dans son désir de faire croire davantage à son influence fictive à la Cour, ne dédaignait aucun moyen et allait jusqu'à se familiariser avec les messagers de la Cour qui, en transmettant les prikazes du Tzar relatifs à des grâces, ne manquaient jamais de s'arrêter chez leur ami le prince. Celui-ci les gorgeait de vin et de mangeaille et, pendant ce temps, ouvrait les plis, et, ayant ainsi connu leur teneur relative à quelque faveur inattendue, gardait le messager ivre dans sa salle à manger, courait au téléphone féliciter le bénéficiaire qui attendait ou n'attendait pas cette haute distinction, lui faisait comprendre que la chose lui était communiquée directement par la source suprême. Il créait ainsi chez le haut dignitaire, lorsqu'il apprenait plus tard sa nomination par le messager, une conviction des liens étroits qui existaient entre Andronikoff et la Cour.

Tout en flattant les hauts fonctionnaires de Pétrograd, le prince Andronikoff faisait ce qu'il pouvait pour contenter Raspoutine. Ainsi, il est établi par les dires du domestique d'Andronikoff, qu'il prêtait son logement pour les rendez-vous secrets de Raspoutine avec Kvostoff et Biéletzky, ainsi qu'avec l'évêque Barnabé. En même temps, désirant se hausser au ton mystique de la Cour et faire naître une légende favorable de ses sentiments religieux, il installa dans sa chambre à coucher, derrière un paravent, un oratoire, y plaçait un grand crucifix, un autel, une petite table avec un bénitier, un goupillon, une série d'images saintes, des candélabres, des ornements sacerdotaux, une couronne d'épines qu'il enfermait dans le tiroir de la table-autel, etc...

Il est à remarquer, ainsi que je l'ai constaté lors de la perquisition faite à son domicile et comme cela a été confirmé par les dépositions de ses domestiques, que dans cette même chambre à coucher, de l'autre côté du paravent, sur son lit à deux places le prince se livrait aux plus abjects......... avec des jeunes gens qui le gratifiaient de leurs faveurs dans l'espoir de bénéficier de sa protection.

Ces derniers faits ont trouvé leur confirmation dans une série de lettres que j'ai saisies au cours de la perquisition. Ces lettres émanaient de jeunes gens, séduits par le prince et qui se plaignaient de ce qu'il les avait trompés.

Lors de l'interrogatoire que je fis subir au prince Andronikoff, il s'efforça de garder le silence sur plusieurs choses, mais pris en flagrant délit de mensonge, il me dit : « *Vous êtes ma conscience !* » Ayant fait serment de ne plus mentir par la suite, il fut bientôt convaincu par moi de dénaturer à nouveau la vérité. Il se tourna alors vers moi et me pria de lui dire mon prénom. J'agréai à sa demande et il me déclara qu'il faisait cette question pour inscrire mon nom sur les tablettes de l'Eglise et prier pour moi comme pour un saint homme.

D'après l'interrogatoire de personnes de la Cour, comme par exemple, la famille de Taniéeff, Voeikoff, et d'autres, j'ai su que le prince Andronikoff, non seulement ne jouissait d'aucun crédit auprès de la famille impériale, mais que celle-ci le traitait d'une façon méprisante.

Le docteur en médecine thibétaine **Badmaeff** était en relations avec Raspoutine, mais ces relations se bornaient de menus services pour satisfaire les rares demandes de Badmaeff qui, étant Bouriate, composait des brochures sur son pays et, pour cette raison, obtint de l'empereur quelques audiences, mais sans aucun caractère intime. Bien que Badmaeff fut le médecin du ministre Protopopoff, la famille impériale était à son égard assez sceptique. Raspoutine n'était pas un partisan des méthodes radicales thibétaines de Badmaeff et, d'après les interrogatoires des serviteurs de la famille impériale, il fut établi que Badmaeff n'a jamais et été appelé comme médecin auprès des enfants de la famille impériale.

Le Commandant du palais **Voeikoff** fut interrogé par moi à différentes reprises, à la forteresse de Petropawlowsk où il était interné. D'après la correspondance saisie chez lui, lors de la perquisition, et composée principalement de lettres de sa femme, fille du ministre de la Cour, comte Fredericks, datées de 1914, 1915 et 1916, il ne jouissait pas d'une autorité et d'une influence spéciales à la Cour. Il était estimé comme un homme dévoué, du moins la famille impériale le comptait pour tel, quoique, après de nombreux entretiens avec lui, je n'aie point conservé cette impression.

Les rapports de Voeikoff avec Raspoutine, d'après ces lettres, furent négatifs. Dans quelques-unes d'entre elles, Voeikoff l'appelle le mauvais génie de la famille impériale et de la Russie, trouvant que cet homme, par ses affinités avec la Cour, jetait un discrédit sur le Trône et donnait une base apparente aux suppositions malveillantes des partis anti-impérialistes. En même temps, tenant compte de l'influence indiscutable de Raspoutine sur la famille impériale, il n'avait pas assez de courage pour refuser satisfaction aux demandes que Raspoutine lui adressait de promotions, subsides, etc. Les nombreuses annotations de Voeikoff sur les demandes adressées par Raspoutine le prouvent.

En somme, Voeikoff me fit l'impression d'un arriviste, tenant à sa place, et incapable d'apprécier l'attention et l'inclination véritables qu'avaient pour lui le Tzar et l'Impératrice.

Dans les lettres que sa femme lui adressait en 1915, elle le suppliait de quitter le service et, vu l'agitation révolutionnaire, elle avertissait son mari qu'à la chute de l'empire un sort terrible lui était réservé. Toutes ces lettres de madame Voeikoff sont empreinte d'une haine maladive envers Raspoutine qu'elle considérait comme la cause de catastrophes imminentes.

Tout en partageant l'opinion de sa femme à l'égard de Raspoutine, Voeikoff restait à son poste. Il ne fit rien pour démasquer Raspoutine et le montrer sous son véritable jour à la famille impériale.

Ayant beaucoup entendu parler de l'influence particulière de **Mme Viroubova** à la Cour, de ses relations avec Raspoutine, étant imprégné des insinuations répandues par la presse sur cette femme et des bruits publics, je me trouvais très mal disposé à son égard lorsque j'allai interroger Mme Viroubova dans la forteresse de Pierre et Paul. Ce sentiment d'hostilité ne m'a pas quitté, même dans la chancellerie de la forteresse, jusqu'au moment où Mme Viroubova m'apparut escortée de deux soldats. Mais, quand elle entra, je fus frappé par l'expression toute particulière de ses yeux ; ils exprimaient une douceur céleste.

Cette première impression favorable ne fit que se confirmer dans mes entretiens avec elle. Dès le premier et court entretien que nous eûmes ensemble, je fus persuadé qu'elle ne pouvait avoir, étant donné sa mentalité, aucune influence non seulement sur la politique extérieure, mais aussi sur la politique intérieure du gouvernement. Sa façon toute féminine d'envisager les événements politiques dont nous parlâmes, sa volubilité et son incapacité de garder le moindre secret, même des faits qui pouvaient à première vue jeter du discrédit sur elle-même, la rendaient incapable de toute influence. Dans ces conversations, je me suis rendu compte que demander à Mme Viroubova de garder un secret, c'était nécessairement sortir sur la place publique et proclamer ce secret. Elle divulguait en effet, ce qui lui paraissait important, non seulement à ses proches, mais même à des inconnus.

Après m'être rendu compte de cet état d'esprit particulier de Mme Viroubova, j'ai porté mon attention sur deux points principaux :

1° Les causes de son rapprochement moral avec Raspoutine ;

2° Les causes de son intimité avec la famille impériale.

En voulant résoudre la première question et en causant avec ses parents (le secrétaire d'Etat S. Taniéeff, chef de la chancellerie de Sa Majesté, marié à la comtesse Tolstoï), je me suis arrêté à un épisode survenu dans la vie de leur fille et qui, d'après moi, a joué un rôle fatal quant à la subordination de sa volonté à l'influence de Raspoutine.

Mme Viroubova, étant encore une fillette de 16 ans, fut atteinte d'une fièvre typhoïde très aiguë. Cette maladie dégénéra bientôt en péritonite et les médecins déclarèrent son état sans espoir. Les Taniéeff, grands admirateurs de l'archiprêtre Jean de Cronstadt, dont la réputation était considérable dans toute la Russie, lui demandèrent de dire des prières au chevet, de leur fille malade. Après ces prières, la malade eut une crise heureuse et se rétablit. Ce fait impressionna fortement l'esprit de cette jeune fille très religieuse et, à partir de ce moment, ses sentiments religieux devinrent prédominants dans la solution de tous les problèmes de la vie.

Mme Viroubova fit la connaissance de Raspoutine dans les salons de la grande-duchesse Militza Nikolaievna et elle n'eut pas un caractère imprévu. La grande-duchesse prépara, en effet, cette entrevue par des causeries sur des thèmes religieux, lui prêtant en même temps des livres de la littérature occultiste française.

La grande duchesse invita alors Mme Viroubova, en l'avertissant qu'elle rencontrerait un grand intercesseur du peuple russe, doué d'un don de divination et de la faculté de guérir.

Cette première rencontre de Mme Viroubova, à cette époque encore Mlle Taniéeff, produisit sur elle une grande impression, d'autant plus forte qu'elle pensait alors épouser le lieutenant de vaisseau Virouboff.

A cette première rencontre, Raspoutine parla beaucoup sur des thèmes religieux, et ensuite, à la question de son interlocutrice : « *lui donnera-t-il sa bénédiction pour son mariage ?* », Il lui répondit allégoriquement, en objectant que « *le chemin de la vie était semé non de roses mais d'épines, qu'il était très pénible, que l'homme se perfectionne dans les épreuves et les revers de la fortune* ».

Ce mariage ne tarda pas à être des plus malheureux. D'après les dires de Mme Taniéeva, le mari de sa fille était complètement impuissant et de plus un perverti sexuel. Cette perversion se manifestait sous diverses formes de sadisme, de sorte qu'il causa à sa femme d'indescriptibles tortures morales et qu'elle éprouvait, à son égard, un profond dégoût. Mme Viroubova, cependant, se souvenant des paroles de l'Evangile : «*Que l'homme donc ne sépare pas ce que Dieu a uni*», cacha longtemps ses souffrances morales et ce ne fut seulement que lorsqu'elle manqua de mourir, à la suite d'un excès sadique de son mari, qu'elle se résolut à révéler à sa mère ce terrible drame de famille. D'où divorce légal.

Par la suite, les explications de Mme Taniéeva, en ce qui concernait la maladie de sa fille, trouvèrent une confirmation complète. En mai 1917, la Haute Cour d'enquête ordonna un examen médical dont le résultat fut la constatation irréfragable que Mme Viroubova était restée vierge.

La conséquence de ce mariage mal assorti fut l'exaltation du sentiment religieux chez Mme Viroubova et sa transformation en manie religieuse. Les prédictions de Raspoutine, au sujet des ronces de la vie, lui apparaissaient comme une prophétie. Aussi devint-elle la plus sincère adepte de Raspoutine qui, jusqu'au dernier jour de sa vie, se présenta à elle comme un saint homme désintéressé et faiseur de miracles.

En ce qui concerne la seconde question mentionnée plus haut : ayant expliqué la personnalité morale de Viroubova, ayant pris connaissance, au cours de l'enquête, des conditions de vie de la famille impériale et de la personnalité morale de l'Impératrice, je me suis appuyé sur ce fait, admis en psychologie, que les extrêmes se touchent et en se complétant l'un l'autre se font un équilibre mutuel.

L'esprit peu profond de Mme Viroubova et la façon de penser purement philosophique de l'Impératrice, constituaient deux extrêmes qui se complétaient l'un l'autre.

La vie brisée de Mme Viroubova la força à rechercher une satisfaction morale au sein de la famille impériale qui menait une vie si idéalement unie et calme. La nature sociable et naïve de Mme Viroubova apportait ce dévouement sincère et cette affabilité douce venue du dehors qui ne se manifestait que rarement au foyer impérial, assez fermé, de la part de l'entourage.

Ces deux femmes, totalement différentes, avaient le même amour de la musique. L'impératrice avait un soprano agréable, Mme Viroubova un bon contralto et, dans leurs loisirs, elles chantaient souvent des duos.

Voici les faits qui devaient faire naître, chez ceux qui ignoraient le motif secret des relations amicales entre l'impératrice et Mme Viroubova, les bruits de l'influence exclusive de cette dernière sur la famille impériale. En fait, ainsi que nous l'avons dit précédemment, Mme Viroubova ne jouissait d'aucune influence à la Cour. Et cela, parce que l'intelligence et la volonté de l'Impératrice étaient trop supérieures à la faiblesse de caractère et à la simplicité d'esprit de Mme Viroubova. Celle-ci ne fut jamais qu'une dévouée et sincère dame d'honneur, devenue enfin une intime de la famille impériale. On peut définir les sentiments de l'Impératrice à l'égard de Mme Viroubova comme ceux d'une mère pour sa fille. Un autre lien qui les unissait était le sentiment, religieux, développé à l'excès chez l'une et l'autre, qui les amena à l'idolâtrie tragique de Raspoutine.

En ce qui concerne les qualités morales de Mme Viroubova, au cours des longues conversations que nous eûmes ensemble, soit dans la forteresse de Pétrograd où elle était aux arrêts, soit au Palais d'Hiver où elle venait sur mon ordre, mes suppositions se confirmèrent pleinement en voyant sa miséricorde tout à fait chrétienne vis-à-vis de ceux dont elle avait tant à souffrir dans les murs de la forteresse.

Les outrages auxquels elle était en butte de la part de la garde de la forteresse m'ont été révélés non par elle, mais par Mme Taniéeva. Ce ne fut qu'après, que Mme Viroubova me confirma ce qu'avait dit sa mère. Elle le fit avec calme et sans colère, en disant : « *Ils ne sont pas coupables, car ils ne savent pas ce qu'ils font.* »

Ses gardiens lui crachaient à la figure, la dépouillaient de ses vêtements, flagellaient le corps de cette femme malade marchant avec des béquilles et la menaçaient de mort comme l'ex-maîtresse du Tzar et de Raspoutine. Tous ces sévices dont elle était l'objet obligèrent la commission d'enquête à mettre Mme Viroubova aux arrêts à l'ancienne direction de la gendarmerie en vue de lui épargner, à l'avenir, ces tortures auxquelles elle était exposée à la forteresse.

Mme Viroubova apparaît à nos yeux comme l'opposé du prince Andronikoff. Toutes ses explications, pendant l'enquête, ont toujours été confirmées et reconnues vraies. Le seul défaut de ses déclarations était l'exagération de ses paroles, sa volubilité, et aussi de sauter d'un sujet à l'autre sans s'en rendre compte. Ce qui prouve, encore une fois, qu'elle était incapable d'être une figure politique.

Mme Viroubova intervenait pour tout le monde auprès de la famille impériale ; aussi ses demandes étaient-elles accueillies avec circonspection, car on exploitait sa candeur.

La figure morale de l'**Impératrice Alexandra Féodorovna** m'apparut clairement dans sa correspondance avec le Tzar et Mme Viroubova. Cette correspondance, en français et en anglais, était empreinte d'un grand amour pour son mari et ses enfants.

L'Impératrice s'occupait personnellement de l'éducation et de l'instruction de ses enfants, à l'exception des branches tout à fait spéciales. Dans cette correspondance, l'Impératrice mentionne que l'on ne doit pas gâter les enfants par des cadeaux, ni exciter chez eux la passion du luxe.

La correspondance est, en même temps, imprégnée d'un grand sentiment, religieux, Souvent, dans ses lettres à son mari l'Impératrice décrit les impressions qu'elle ressent, au cours des services religieux auxquels elle assiste et parle fréquemment de l'entière satisfaction et du repos moral qu'elle goûte après une ardente prière.

Il est à remarquer dans toute cette volumineuse correspondance il n'y a presque pas d'allusion à la politique. Cette correspondance avait un caractère intime et familial.

Les passages de ces lettres dans lesquels on parle de Raspoutine, qu'on appelle le vieillard, éclairent suffisamment les rapports de l'Impératrice avec cet homme. Elle le considère comme un prédicateur, apportant, la parole de Dieu, comme un prophète priait sincèrement pour la famille impériale.

Dans toute cette correspondance, qui s'étend sur un espace de près de dix années, je n'ai trouvé aucune lettre écrite en allemand. Je sus d'autre part, en interrogeant les personnes admises à la Cour, que, longtemps déjà avant cette guerre, la langue allemande ne s'employait pas.

Relativement aux bruits qui ont couru au sujet de la sympathie exclusive pour les Allemands et de la présence dans les appartements impériaux de la télégraphie sans fil avec Berlin, j'ai moi-même perquisitionné très minutieusement dans les appartements de la famille impériale, et n'y ai rien trouvé de semblable pas plus qu'aucune trace de rapports avec les Allemands.

Quant aux bruits concernant sa bienveillance exclusive à l'égard des blessés allemands, j'ai constaté que l'accueil fait par l'Impératrice aux blessés allemands prisonniers n'était pas plus bienveillant que celui fait aux blessés russes. Au chevet des uns et des autres elle se souvenait simplement de la parole du Sauveur que **« visiter un malade, c'était visiter Dieu lui-même »**.

En raison des circonstances et de la maladie de cœur de l'Impératrice, la famille du Tzar menait une vie très retirée. Ceci devait nécessairement développer chez l'Impératrice le sentiment religieux et la vie intérieure. Cela finit par devenir chez elle prédominant. Sur ce terrain, l'impératrice Alexandra Feodorovna introduisait les règles monacales dans le service des églises de la Cour. C'est avec délices, en dépit de son état maladif, qu'elle restait debout pendant les longues heures que durait ces offices solennels.

Cette inclination, toute religieuse, de l'Impératrice, fut la cause unique de sa vénération pour Raspoutine qui, sans conteste, ainsi que nous l'avons dit précédemment, était doué d'une force magnétique qui influença, en certains cas, l'état de santé de l'héritier du trône, gravement malade.

Dans tout cela, étant donné son mysticisme, l'Impératrice considérait que la source de cette influence heureuse de Raspoutine sur la santé de l'héritier du trône provenait uniquement, non d'une source purement extérieure (magnétisme), mais d'une source céleste. Raspoutine tenait ces pouvoirs de sa sainteté.

Un an et demi avant les troubles de 1917, l'ancien et fameux moine Iliodore Troufanoff envoya sa femme, de Christiania à Pétrograd, avec mission de proposer à la famille impériale de lui vendre un manuscrit édité plus tard sous le titre : « *Le Diable Saint* ». Il y décrit les rapports de Raspoutine, avec la famille impériale, sous des couleurs scabreuses.

Le rapport intéressa le département de la police qui, spontanément, entra en relation avec la femme d'Iliodore en vue d'acquérir le manuscrit, dont il demandait, je crois bien, 60.000 roubles.

Cette affaire fut soumise, finalement, à l'Impératrice. Alexandra Féodorovna. Elle repoussa avec dédain l'ignoble proposition d'Iliodore en disant : « *Le blanc ne deviendra pas noir et l'homme honnête ne peut être noirci.* »

Je trouve nécessaire, en finissant cette étude, de noter que l'introduction de Raspoutine à la Cour eut lieu grâce à la chaleureuse intervention des personnes suivantes : les grandes-duchesses Anastasie et Militza Nikolaievna, le confesseur de Leurs Majestés, l'évêque Théophane et l'évêque Hermogène. Ceci explique pourquoi l'accueil de Raspoutine par l'Impératrice fut d'abord confiant et comment, avec le temps, cette bienveillance de l'Impératrice s'accrut en raison des faits que nous venons de raconter.

Vladimir Michaïlovitch Roudnieff.
*Substitut au Procureur du Tribunal d'Arrondissement d'Ekaterinoslaff,
détaché pour l'enquête sur les abus commis par les ex-ministres,
les chefs supérieurs et autres fonctionnaires,
avec droit d'instruction.*

Ekaterinodar, 28 mars 1919.

74. Roudnieff, Capitaine du Varyag.

Pour plus de documentation :

www.the-savoisien.com
www.pdfarchive.info
www.vivaeuropa.info
www.freepdf.info
www.aryanalibris.com
www.aldebaranvideo.tv
www.histoireebook.com
www.balderexlibris.com

Lisez aussi

ÉDITION ORIGINALE
NON CENSURÉE
Documents authentiques

—◦—

— Y a-t-il une race juive ? —
Les juifs. L'esprit juif. Manifestations sociales de l'esprit juif. L'action sociale juive. Les causes de l'antisémitisme. Réponses et répliques. Limite et réalité du péril juif. Conclusion.

—◦—

Le premier lecteur de ce livre fut un éditeur. Il l'a trouvé trop anodin pour le publier.

Si j'avais abordé cette étude avec le préjugé de la haine et uniquement pour le satisfaire, on trouverait dans ces pages, assurément, beaucoup d'accusations sans fondement et d'invectives passionnées. Ce travail se serait confondu avec les pamphlets trop nombreux qu'on vend aux carrefours et qui discréditent leurs thèses par l'exagération de leurs griefs et le ton de leurs querelles.

Je ne sais si je me trompe, mais ce sont ces pamphlets qui me paraissent anodins.

Je voudrais seulement refroidir l'ardeur révolutionnaire des Juifs qui, depuis le commencement de ce siècle, allument aux quatre coins du monde des foyers de désordre et de discorde. Je voudrais ramener à une plus saine considération des réalités les intellectuels idéalistes qui agitent Israël et retournent notre civilisation sur elle-même, comme une terre qu'on bêche.

Pour cela, il faut avant tout qu'ils sachent que leur action est aperçue et jugée. Je remplis ici ce rôle admonitoire.

Broché : 148 pages
ISBN : 9781648583681

ÉDITION ORIGINALE
Non censurée

———◦———

Documents authentiques

Le national-socialisme se trouva, lors de la prise du pouvoir, en face d'une économie complètement ruinée, la paysannerie se mourait et l'on comptait des millions de chômeurs. Conformément à l'ordre du Führer, on s'attaqua d'abord à ces deux problèmes, considérés comme les plus importants. Les résultats obtenus sont si connus qu'il est inutile de les examiner. La recherche de la solution de ces questions, c'est-à-dire la lutte contre le chômage, rencontra pourtant des difficultés relatives au manque de devises et de matières premières et à l'approvisionnement en nombreux produits alimentaires et en fourrages. Les ennemis du national-socialisme rendent le changement de régime responsable de ces difficultés.

[...] Jadis les peuples et les économies nationales se suffisaient à eux-mêmes, ils s'appuyaient sur leurs propres forces, en premier lieu sur le sol que leur avait assigné Dieu et sur la force de travail des hommes qui y vivaient. Le temps n'est pas encore si éloigné où l'Allemagne, non seulement se nourrissait elle-même, mais s'habillait de laines et de draps allemands.

———◦———

Broché : 168 pages
Dimensions 152 x 229 x 10mm | 254g
ISBN 13 : 9781648580888

ÉDITION ORIGINALE
Non censurée

―◊―

Documents authentiques

Benito Mussolini présente ici les idées fondamentales inhérentes au Fascisme. Cet écrit dont la valeur historique est indéniable, permet de mieux comprendre cette idéologie dont la nature changea le destin de l'Europe. Cet ouvrage est un impératif à lire pour comprendre l'essence même du fascisme primaire qui reste bien souvent oubliée au profit d'autres idéologies politiques comme le nazisme ou le néofascisme qui n'en sont que des dérivés.

Les actions valeureuses accomplis par les officiers et les soldats de l'armée italienne sur les fronts terrestres sont de nature à rendre la Nation fière d'eux.

Mussolini

―◊―

Broché : 62 pages
Dimensions 127 x 203 x 4mm | 77g
ISBN 13 : 9781648580291

ÉDITION ORIGINALE
NON CENSURÉE

—◦—

— Les mystères isiaques —
Documents authentiques
— La Vénus orientale — Prostitution sacrée et sacrifices humains. — Dans l'Inde et en Perse — En Grèce — En Occident — Les mystères anciens coalisé — Le cloaque de l'Empire romain — Les initiés vaincus par le christianisme — Renaissance des mystères gnostiques et manichéens — Albigeois et Templiers — La réforme et la Rose-Croix — La franc-maçonnerie — La Franc-maçonnerie sanglante — Depuis la Terreur — L'assassinat de la France — Conclusions.

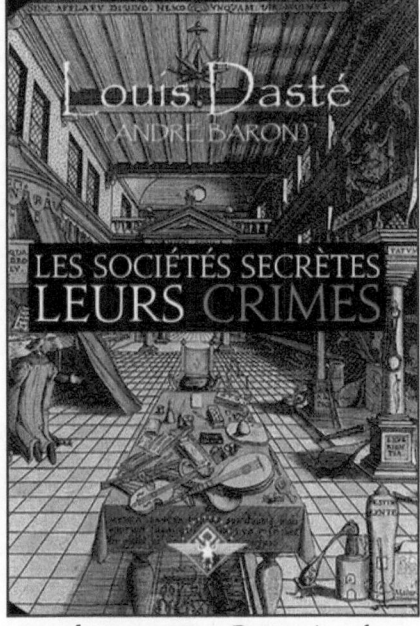

—◦—

Depuis les initiés d'Isis jusqu'aux Francs-Maçons modernes. Version originale non censurée. Augmenté de 10 illustrations. L'histoire des Sociétés Secrètes emplit d'énormes et nombreux livres en toutes langues. Et malgré cela, les Sociétés Secrètes savent exercer une suggestion si habile sur les meilleurs esprits, qu'elles sont parvenues à faire complètement négliger, par presque tous les historiens, leur influence dans le monde, ainsi que leurs scélératesse de toute nature.

Combien pourtant elle est grande, cette malfaisante puissance des Sectes que la divulgation des fiches rédigées par les délateurs du Grand-Orient de France est venue faire éclater enfin aux yeux les plus fermés jusqu'alors !

Broché : 296 pages

ISBN-13 : 979-8633174557

ÉDITION ORIGINALE
NON CENSURÉE

— Avant N.-S. Jésus-Christ — *Documents authentiques* — La « tradition » juive (kabbalah) — Après N.-S. Jésus-Christ — La gnose — Le manichéisme — Mahomet et les juifs — Le juif Alsauda Sabaï — Un Weishaupt au IXe siècle — Le juif Obaïdallah — Deux équipes — Action visible & action cachée — Les albigeois manichéens & les juifs — Les Templiers — Le Vieux de la montagne — Chute des Templiers — Des Templiers aux Huguenots — La confrérie des Rose-Croix — La Rose-Croix, mère de la Franc-maçonnerie — Conclusion.

Depuis dix-neuf siècles, certaines Sociétés secrètes mènent une guerre souterraine contre le Christianisme et contre la civilisation qu'il a enfantée. C'est elles dont nous allons faire l'étude sommaire. Mais elles procèdent, par certains côtés, de Sociétés secrètes antérieures au Christianisme. Il nous faut donc dire quelques mots de celles-ci, tout d'abord... Dès les premiers âges de l'humanité, des Sociétés secrètes – dont les adeptes étaient reçus après des initiations graduées – existaient au cœur des religions qui se confondaient avec les civilisations des Égyptiens, des Chaldéens, des Chananéens, des Perses, etc.

Quelques nobles que fussent parfois les efforts de l'esprit humain vers le Bien manifestés dans ces confréries occultes, elles finissaient toujours par tomber dans une corruption profonde, en vertu du principe même de dissimulation et par suite de mensonge qui était à leur base.

Broché : 86 pages

ISBN-13 : 978-1704283067

www.ingramcontent.com/pod-product-compliance
Lightning Source LLC
LaVergne TN
LVHW041551060526
838200LV00037B/1234